LA CHARTE

DE

DÉPART POUR LA TERRE-SAINTE

DE

GAUCHER DE CHATILLON

BARON DE DONZY

PAR

Henri DE FLAMARE

Nevers,

IMPRIMERIE FAY. — G. VALLIÈRE, SUCCESSEUR,
Place de la Halle et rue du Rempart, 30.

1888

LA CHARTE

DE

DÉPART POUR LA TERRE-SAINTE

DE

GAUCHER DE CHATILLON

BARON DE DONZY.

En partant pour les expéditions en Terre-Sainte, ces croisades d'où si peu revenaient, les seigneurs avaient coutume de faire des donations aux établissements religieux de leur voisinage; par là ils devenaient participants aux prières de ces maisons; quelquefois aussi ces donations n'étaient que des ventes simulées ou des engagements par lesquels ils se procuraient les fonds qui étaient nécessaires pour le voyage.

Un bien petit nombre de ces chartes de départ nous sont parvenues; celle dont nous donnons le texte plus loin, d'après l'original conservé aux archives départementales de la Nièvre, n'est pas une des moins intéressantes, et par l'illustration du donateur, appartenant à une de ces grandes familles féodales dont bien des membres déjà avaient guerroyé contre les infidèles, et par la manière glorieuse dont il s'acquitta de son vœu et trouva la mort dans cette célèbre et désastreuse campagne, et par les soins qu'il prend d'assurer des secours qui, dans sa volonté, devaient être perpétuels pour les pauvres de l'une de ses seigneuries, ce qui rend cette donation tout particulièrement touchante.

L'un des chevaliers les plus braves et les plus renommés parmi ceux qui prirent part à la première croisade de saint Louis fut sans contredit Gaucher de Chatillon, seigneur de Saint-Aignan en Berry et baron de Donzy.

Fils de Guy de Chatillon, comte de Saint-Paul, et d'Agnès, baronne de Donzy, dame de Saint-Aignan, il s'était distingué dans l'expédition conduite en 1242 par Louis IX contre Hugues X, comte de La Marche.

En 1247, Mahaud de Courtenay, comtesse de Nevers, veuve d'Hervé de Donzy, son aïeule maternelle, et Dreux de Mello, seigneur d'Epoisses et de Château-Chinon, le prirent pour arbitre dans un différend au sujet de la mouvance du château de Lormes, qui fut reconnu être du fief de la comtesse de Nevers (1).

L'année suivante, il prit la croix et accompagna saint Louis à la croisade, ainsi que son oncle Hugues de Chatillon, comte de Saint-Paul.

Avant de partir, au mois de juillet 1248, il légua aux abbés de Saint-Martin de Nevers et de Fontmorigny 23 livres tournois de rente, représentant 466 fr. 07 c. de notre monnaie actuelle, valeur intrinsèque, à prendre chaque année sur les revenus de sa terre de Cuffy, sur lesquelles 20 livres devaient servir à acheter des tuniques et des souliers destinés à être distribués par les deux abbés aux pauvres de la terre de Cuffy. Dans l'acte qui nous a conservé le souvenir de cette libéralité, Gaucher de Chatillon prend des précautions méticuleuses pour assurer l'exécution de sa fondation : il y est dit que si l'un des deux abbés ne pouvait pas, ou ne voulait pas assister par lui-même à cette

---

(1) MAROLLES, *Inventaire des Titres de Nevers*, col. 491.

distribution, le prieur de son abbaye devait le remplacer, toucher lui-même les 3o sous qui auraient dû revenir à son abbé s'il eût été présent, et les employer à donner une pitance à son couvent. En ajoutant un plat au maigre ordinaire de leurs maisons, le donateur pensait sans doute rendre les prieurs des deux abbayes plus vigilants à veiller à l'accomplissement de ses volontés. Il déclarait aussi que son intention était que si l'abbé ou le prieur d'une seule des deux abbayes faisait en personne la répartition des secours, les 3 livres lui seraient intégralement données, et dans le cas où ce serait le prieur, elles serviraient à une pitance pour les religieux de son abbaye. Cette distribution de secours devait être faite le jour de Saint-Remy; les receveurs des revenus et les juges de la terre de Cuffy devaient payer aux deux abbés ou aux deux prieurs 3 sous tournois d'amende par jour de retard du payement de cette somme. De leur côté, les abbés et prieurs des abbayes de Saint-Martin et de Fontmorigny devaient, aussitôt après leur nomination, se rendre sur les lieux où se levaient les revenus sur lesquels étaient prises les 23 livres tournois à eux laissées, c'est-à-dire à Cuffy, et s'y engager devant le seigneur du lieu ou son mandataire à bien s'acquitter et fidèlement de l'exécution des volontés du donateur.

Saint Louis s'embarqua à Aigues-Mortes le 28 août 1248 et débarqua en Chypre le 18 septembre; l'armée y passa l'hiver et ne se rembarqua que le 21 mai 1249. C'est pendant ce long séjour en Chypre, au mois de février 1249 (nouveau style), que Gaucher de Chatillon fit don à Alain Le Lou, chevalier, l'un de ses compagnons et sans doute un Nivernais, de 40 livres de rente en fief, soit 809 fr. 55 c. de notre monnaie, au comté de Nevers, lorsque ledit comté lui serait échu (1).

---

(1) Marolles, *Inventaire des Titres de Nevers*, col. 57.

L'armée de saint Louis, grossie du contingent des chevaliers des royaumes de Chypre et de Jérusalem, prit terre à Damiette à la fin de mai ou au commencement de juin; la ville fut prise de suite, et le roi y fit un long séjour pour attendre les retardataires de son armée. Ce ne fut qu'à la fin de novembre que l'on se mit en marche pour le Caire. Après quelques succès, les 6 et 25 décembre, saint Louis fut obligé de s'arrêter le 8 février 1250 à La Massoure, où fut livrée une bataille sanglante et indécise. Pour rentrer au camp, l'arrière-garde fut confiée à Gaucher de Chatillon, sur sa demande (1).

Pendant la nuit suivante, les Sarrasins ayant attaqué le camp que gardaient les hommes du sire de Joinville, le roi envoya Gaucher de Chatillon pour soutenir le sénéchal de Champagne, et les assaillants furent repoussés (2). Dans la bataille qui eut lieu le 11 février, Gaucher de Chatillon commandait un corps de chevaliers chrétiens qui se défendit si vigoureusement que les Turcs ne purent l'entamer (3).

---

(1) « Le soir, au soleil couchant, nous amena li connestables les arbalestriers le roy à pié, et s'arangièrent devant nous ; et quant li Sarrazin lour virent mettre pié en l'estrier des arbalestes, il s'enfuirent et nous laissièrent. Et lors me dist li connestables : « Séneschaus, c'est bien fait ; or vous en alez vers le roy, si ne le lessiés huimais jusques à tant que il iert descendus en son paveillon. » Si tost comme je ving au roy, mes sires Jehans de Waleri vint à li et li dist : « Sire, mes sires de Chasteillon vous prie que vous li donnez l'arière-garde. » Et li roys si fist mout volentiers, et puis si se mist au chemin. » (JOINVILLE, *édition classique de* NATALIS DE WAILLY (1882), p. 102.)

(2) « ... et li roys nous envoia mon signour Gauchier de Chasteillon liquex se logea entre nous et les Turs, devant nous.

» Quant li sires de Chasteillon ot reboutée arière les serjans aus Turs à pié, il se retraistrent sus une grosse bataille de Turs à cheval, qui estoit rangie devant nostre ost... » (*Ibid.*, p. 108.)

(3) « Après la bataille au roy de Sezille, estoit la bataille des barons

Au commencement d'avril, la retraite fut décidée ; on repassa le Nil, et ce fut encore Gaucher de Chatillon qui fit l'arrière-garde : « Toutevoiz ne se mut li roys ne ses gens, jusques à tant que tout li harnoiz (1) fu portez oustre ; et lors passa li roys et sa bataille après li, et tuit li autre baron après, fors que mon signour Gautier de Chasteillon, qui fist l'arrière-garde (2). »

Le 5 avril eut lieu la bataille de Pharamie, à la suite de laquelle le roi fut pris ; c'est là que Gaucher de Chatillon fut tué après des prodiges de valeur. Voici comment Joinville raconte sa mort :

« Je ne vueil pas oublier aucunes besoignes qui avindrent en Egypte, tandis que nous y estiens. Tout premier je vous dirai de mon signour Gauchier de Chasteillon, que uns chevaliers, qui avoit non mon signour Jehan de Monson, me conta que il vit mon signour de Chasteillon en une rue qui estoit ou kasel (3) là où li roys fu pris ; et passoit celle rue toute droite parmi le kasel, si que on veoit les chans d'une part et d'autres. En celle rue estoit mes sires Gauchiers de Chasteillon, l'espée ou poing, toute nue.

» Quant il veoit que li Turc se metoient parmi celle rue (4), il lour couroit sus, l'espée ou poing, et les flatoit (5)

---

d'outre-mer, dont mes sires Guis d'Ibelin et mes sires Baudoins, ses frères, estoient chievetein. Après lour bataille, estoit la bataille mon signour Gautier de Chateillon, pleinne de preudomes et de bonne chevalerie. Ces dous batailles se deffendirent si viguerousement que onques li Turc ne les porent ne percier ne rebouter. » (*Ibid.*, p. 112.)

(1) Bagage.

(2) Joinville, p. 123.

(3) *Casal* ou *casel,* nom qu'on donnait en Orient aux hameaux ou villages.

(4) *Se metoient parmi celle rue,* — entraient dans cette rue.

(5) *Flatoit,* — jetait.

hors dou casel; et au fuir que li Turc faisoient devant li (il qui traioient (1) aussi bien devant comme darière) le couvrirent tuit de pilez (2). Quant il les avoit chaciez hors dou kasel, il se desflichoit (3) de ces pilés qu'il avait sur li, et remetoit sa cote à armer (4) de sus li, et se dressoit sur ses estriers, et estendoit les bras atout (5) l'espée, et crioit : « Chasteillon, chevalier ! où sont mi preudome ? » Quant il se retournoit et il veoit que li Turc estoient entrei par l'autre chief (6), il lour recouroit sus, l'espée ou poing, et les enchaçoit ; et ainsi fist par trois foiz en la manière desus dite.

» Quant li amiraus des galies m'ot amenéi devers ceus qui furent pris à terre, je enquis à ceus qui estoient entour li ; ne onques ne trouvai qui me deist comment il fu pris, fors que tant que mes sires Jehans Fouinons (7). li bons chevaliers me dist que, quand on l'amenoit pris vers la Massoure, il trouva un Turc qui estoit montez sur le cheval mon signour Gauchier de Chasteillon ; et estoit la culière (8) toute sanglante dou cheval. Et il li demanda que il avait fait de celi à cui li chevaus estoit ; et li respondi que il li avoit copei la gorge tout à cheval, si comme il aparut à la culière qui en estoit ensanglantée dou sanc (9). »

---

(1) *Traioient*, — tirer de l'arc.

(2) *Pilez* ou *pilés*, — traits.

(3) *Se desflichoit*, — enlevait les flèches.

(4) *Cote à armer*, — cotte d'armes, vêtement d'étoffe légère qui se mettait par-dessus le haubert ou cotte de mailles.

(5) *Atout*, — avec.

(6) *Chief*, — bout.

(7) Jean Fouinons, vassal de la châtellenie de Châtillon-sur-Marne ; il avait déjà pris part à la croisade de 1204 et à celle de 1218, où il avait été fait prisonnier par les Sarrasins.

(8) *Culière*, — croupière.

(9) JOINVILLE, *édition classique*, p. 163-164.

Gaucher de Chatillon n'avait que vingt-huit ans et ne laissait pas d'enfants de Jeanne de Boulogne, sa femme, fille unique de Philippe Hurepel, comte de Clermont-en-Beauvoisis, de Mortain et d'Aumale, et de Mahaud, comtesse de Boulogne et de Dommartin ; ses seigneuries de Donzy et de Saint-Aignan revinrent à sa sœur, Yolande de Chatillon, veuve d'Archambaud IX, sire de Bourbon, qui hérita aussi de Mahaud de Courtenay, son aïeule, du comté de Nevers.

Le sceau de Gaucher de Chatillon existe encore aux Archives Nationales ; il est appendu à une charte du mois de novembre 1249 par laquelle le seigneur de Saint-Aignan en Berry reconnaît des dettes contractées envers le roi de France.

Ego Galtherus de Castellione, dominus Sancti Aniani in Bituria ; notum facio omnibus presentibus et futuris quod ego ordinavi et statui in testamento meo, quod feci quando ad partes me transtuli transmarinas, quod abbas Sancti Martini Nivernensis et abbas Fontis Moriniacensis, cisterciensis ordinis, ejusdem dyocesis, exigant et recipiant singulis annis in perpetuum, in festo Sancti Remigii viginti tres libras turonensium in meis redditibus de Cufiaco, diocesis supradicte, et volo quod dicti abbates emant singulis annis in perpetuum de viginti libris dicte summe viginti libratas tunicarum et sotularium pauperibus ejusdem terre erogandorum prout et quando ipsis videbitur expedire. Volo etiam quod sexaginta solidos residuos sibi pro Deo retineant ac pro suis laboribus et expensis, si per

eos facta fuerit erogatio supradicta. Volo iterum quod si
unus de dictis abbatibus ad predictam peccuniam exigendam
et recipiendam et ad dictam erogationem faciendam interesse
non possit aut nolit, prior ejusdem abbatie cum altero
abbate eandem peccuniam exigat et recipiat et eam cum
eodem abbate in usum predictum distribuat et eroget pauperibus dicte terre, et tunc triginta solidos quos abbas qui
ad predicta facienda interesse non potuit aut noluit habuisset
si interfuisset sibi retineat idem prior (1) pro pitancia suo
conventui facienda. Et volo quod de predictis triginta
solidis eodem modo fiat pitancia singulis annis in quibus
idem prior predicta fecerit pro eo quod abbas suus ad
predicta facienda non potuerit aut noluerit interesse. Idem
(*sic*) volo quod si nullus de dictis abbatibus predicta facere
voluerit aut potuerit, priores sui ea faciant vel unus eorum,
si alter prior noluerit vel non potuerit predictis faciendis
interesse; et volo quod si ambo priores predicta fecerint
predicti sexaginta solidi ipsis pro pitanciis suis conventibus
erogandis illo anno equaliter dividantur; et volo quod
eodem modo fiat singulis annis in quibus dicti priores
propter defectum suorum abbatum fecerint supradicta. Et, si
forte contigerit quod nec abbas nec prior unius dictarum
abbatiarum voluerint vel potuerint interesse predictis
faciendis, sexaginta solidi supradicti sint integre illo anno
alterius abbatis, si predicta solus fecerit, aut prioris
ejusdem (2) abbatie pro pitancia suo conventui facienda,
si propter defectum sui abbatis fecerit supradicta; et volo
quod eodem modo fiat singulis annis in quibus unus abbas
solus vel unus prior solus propter defectum aliorum fecerit
suprascripta. Volo insuper et precipio, et ad hoc etiam
heredes et successores meos et predictam terram meam de

---

(1) Le texte porte *priori*.
(2) Le texte porte *eidem*.

Cufiaco obligo, quod receptores reddituum ejusdem terre et illi qui in eadem terra justicias exercebunt jurent, quamcito a dictis abbatibus vel prioribus vel ab altero ipsorum fuerint super hoc requisiti, quod solutionem predictarum vinginti trium librarum integre facient singulis annis termino superius assignato. Et volo et precipio quod in ipsorum sacramento adiciatur quod ipsi persolvent tres solidos turonensium, nomine pene, singulis diebus quibus defecerint in solutione dicte peccunie post terminum supradictum. Volo etiam et precipio quod, si receptores dictorum reddituum et illi qui in dicta terra justicias exercebunt noluerint prestare sacramentum secundum modum superius declaratum, quod, qualibet die qua defecerint in prestacione dicti sacramenti, teneantur eadem pena qua propter deffectum solutionis sunt astricti. Et volo et precipio quod omnes pene predicte dentur abbatibus aut prioribus qui fecerint dictam distributionem secundum modum qui superius est expressus de residuo denariorum qui debentur in tunicis et sotularibus pauperibus erogari. Et ut istud vires habeat et effectum, volo quod abbates et priores supradicti antequam predictos redditus recipiant, veniant ad loca in quibus siti sunt dicti redditus cum de novo fuerint electi et in verbo veritatis promittant, coram domino loci qui pro tempore fuerit vel ejus mandato, si inde fuerint ab eis requisiti, quod ipsi fideliter et bona fide facient dictam distributionem secundum quod eis injunctum est per hec scripta. Item rogo et requiro prelatum, in cujus dyocesi siti sunt predicti redditus, ut dominos locorum ac receptores reddituum et eos qui justicias exercuerint tempore defectus solutionis vel prestacionis sacramenti per censuram ecclesiasticam compellat ad solvendum predictis abbatibus vel prioribus predictos redditus ad penas secundam quod superius est distinctum, nisi sibi constiterit de reddituum solutione et juramenti prestacione, per patentes litteras dictarum personarum que debent recipere dictos redditus et etiam sacramenta. In cujus rei testimonium et munimen presentes litteras feci, sigilli mei munimine raborari. Actum anno Domini millesimo ducentesimo quadragesimo octavo, mense julio.

(Archives de la Nièvre H., fonds Saint-Martin de Nevers. Original sur parchemin)

Imp. Fay. — G. Vallière, succ'.